Impressum
Verlag: BABADADA GmbH, Nedderfeld 112 , 22529 Hamburg
Geschäftsführer / Verlagsleitung: Harald Hof
Druck: Books on Demand GmbH, In de Tarpen 42, 22848 Norderstedt

Imprint
Publisher: BABADADA GmbH, Nedderfeld 112 , 22529 Hamburg, Germany
Managing Director / Publishing direction: Harald Hof
Print: Books on Demand GmbH, In de Tarpen 42, 22848 Norderstedt, Germany

escola

škola

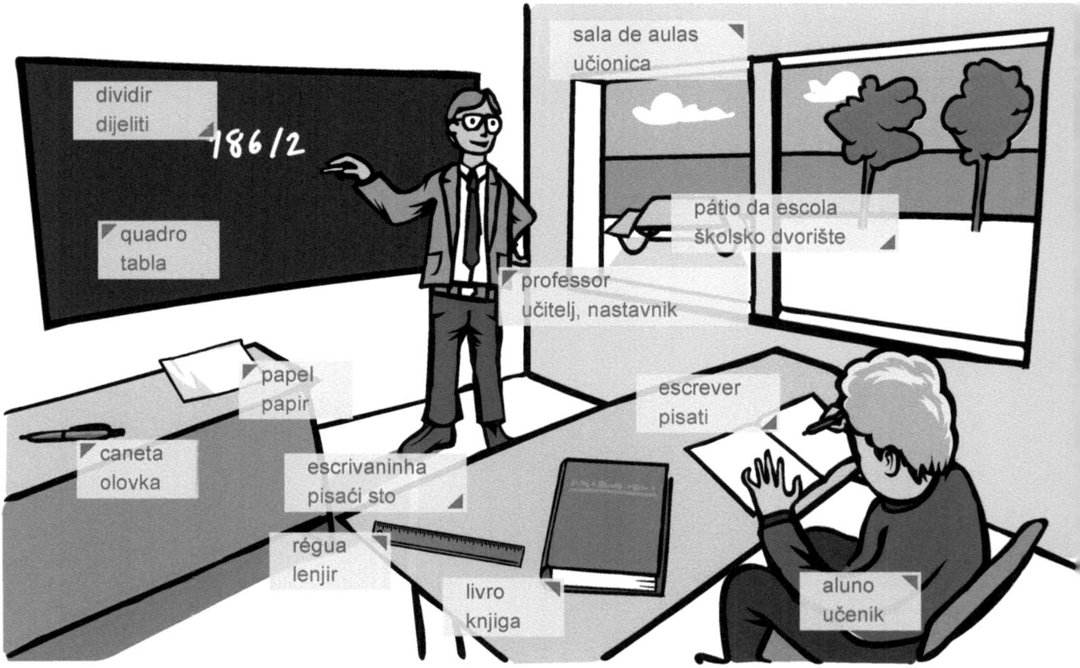

sala de aulas
učionica
dividir
dijeliti
186/2
pátio da escola
školsko dvorište
quadro
tabla
professor
učitelj, nastavnik
papel
papir
escrever
pisati
caneta
olovka
escrivaninha
pisaći sto
régua
lenjir
livro
knjiga
aluno
učenik

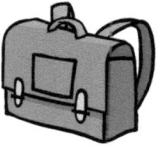

sacola

torba

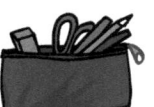

estojo de lápis

pernica

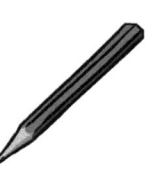

lápis

drvena olovka

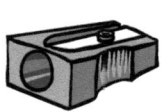

apontador de lápis

šiljalo za olovke

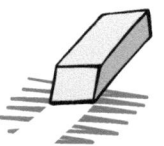

borracha

gumica

bloco de desenho

blok za crtanje

desenho
crtež

pincel
kist

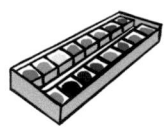

estojo de tintas
kutija s bojama

tesoura
makaze

cola
ljepilo

livro de exercícios
vježbanka

lição de casa
domaća zadaća

número
broj

somar
sabirati

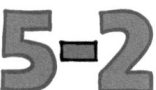

subtrair
oduzimati

multiplicar
množiti

calcular
računati

letra
slovo

alfabeto
abeceda

palavra
riječ

texto

tekst

ler

čitati

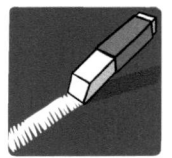

giz

kreda

hora

sat

registro da classe

školski dnevnik

exame

ispit

certificado

svjedočanstvo

uniforme escolar

školska uniforma

educação

izobrazba

enciclopédia

leksikon

universidade

univerzitet

microscópio

mikroskop

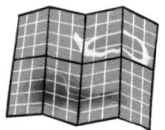

mapa

karta

cesto de lixo

korpa za papir

viagem
putovanje

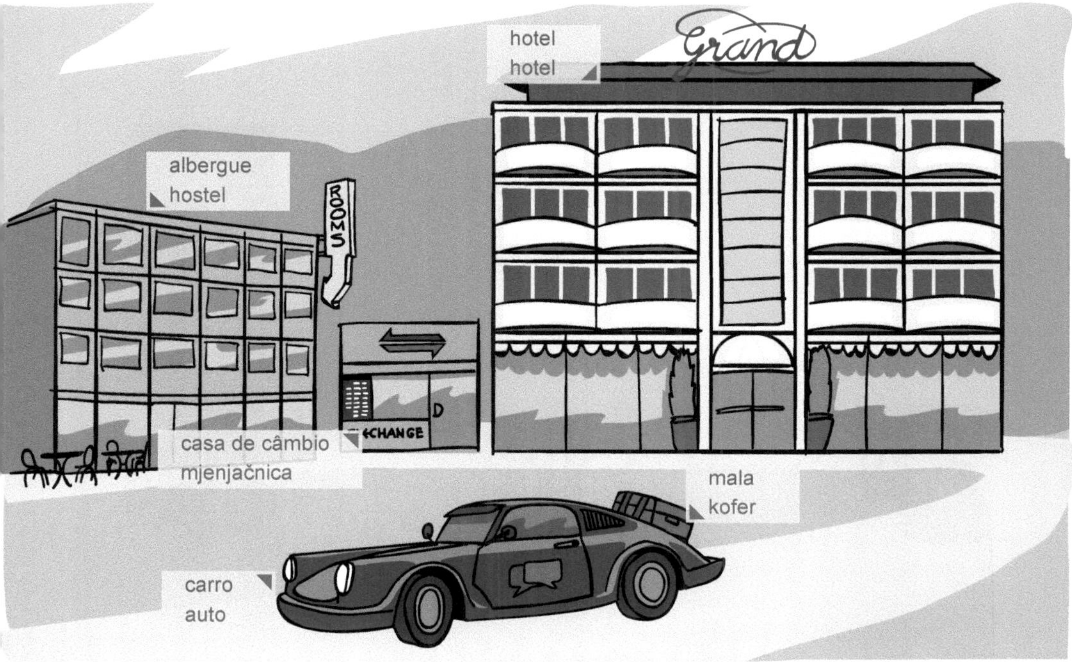
hotel
hotel
albergue
hostel
ROOMS
CHANGE
casa de câmbio
mjenjačnica
mala
kofer
carro
auto

idioma
jezik

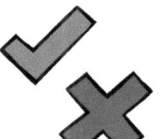

sim / não
da / ne

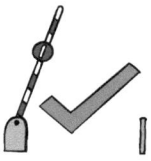

ok
okej

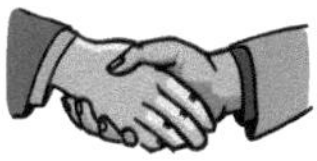

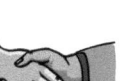

Olá
zdravo

tradutor
tumač

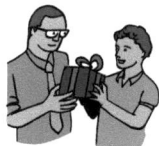

obrigado
hvala

quanto custa...?

Koliko košta. .?

eu não entendo

Ne razumijem

problema

problem

boa noite!

dobro veče!

Bom dia!

Dobro jutro!

Boa noite!

Laku noć!

até logo

doviđenja

direção

smjer

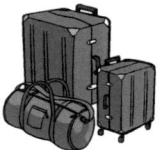

bagagem

prtljag

bolsa

torba

mochila

ruksak

convidado

gost

quarto

soba

saco de dormir

vreća za spavanje

barraca

šator

informação turística

turističke informacije

praia

plaža

cartão de crédito

kreditna kartica

café da manhã

doručak

almoço

ručak

jantar

večera

bilhete

putna karta

elevador

lift

selo

poštanska markica

fronteira

granica

alfândega

carina

embaixada

ambasada

visto

viza

passaporte

pasoš

transporte
transport

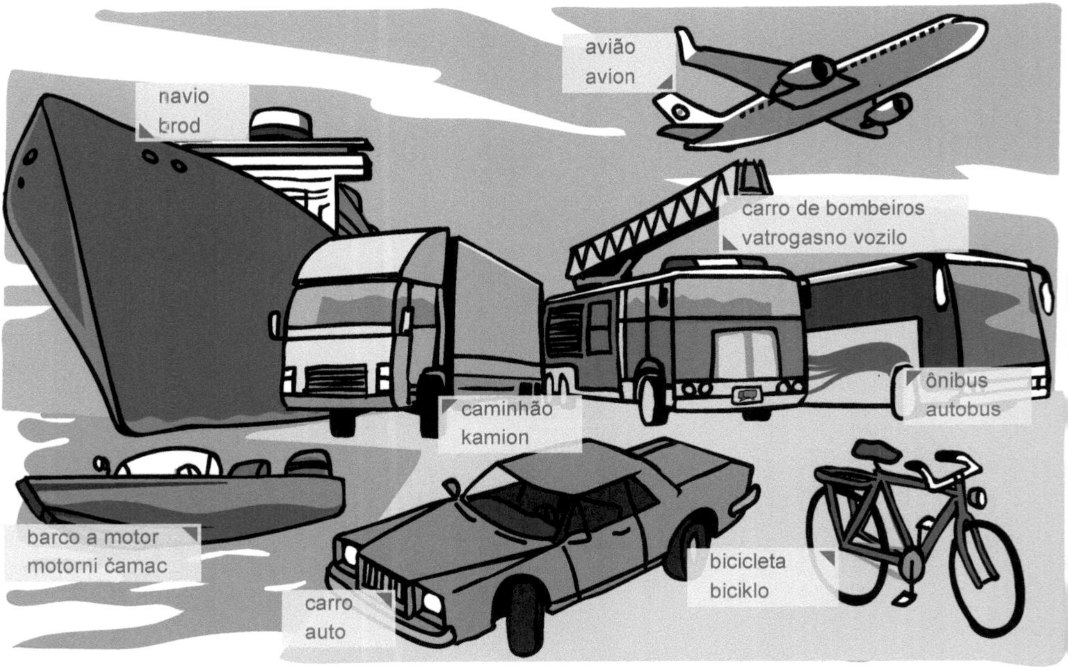
avião
avion
navio
brod
carro de bombeiros
vatrogasno vozilo
ônibus
autobus
caminhão
kamion
barco a motor
motorni čamac
bicicleta
biciklo
carro
auto

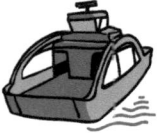

balsa

trajekt

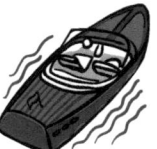

barco

brod

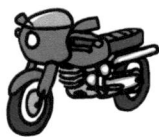

motocicleta

motocikl

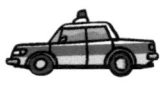

veículo policial

policijski automobil

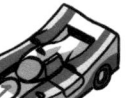

carro de corrida

trkaći automobil

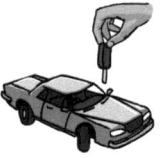

carro de aluguel

unajmljeni automobil

compartilhamento de
automóvel
kar-šering

caminhão de reboque
....
pauk

caminhão de lixo
....
smećarsko vozilo

motor
....
motor

combustível
....
gorivo

posto de gasolina
....
benzinska pumpa

placa de trânsito
....
saobraćajni znak

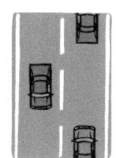

trânsito
....
saobraćaj

trânsito lento
....
zastoj

estacionamento
....
parking

estação de trem
....
željeznička stanica

trilhos
....
šine

trem
....
voz

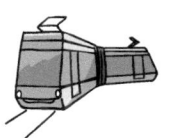

bonde
....
tramvaj

vagão
....
vagon

helicóptero

helikopter

aeroporto

aerodrom

torre

toranj

passageiro

putnik

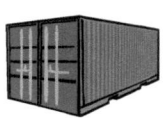

contêiner

kontejner

cartolina

karton

carroça

tačke

cesto

korpa

decolar / pousar

poletjeti / sletjeti

cidade

grad

vilarejo

selo

centro da cidade

centar grada

casa

kuća

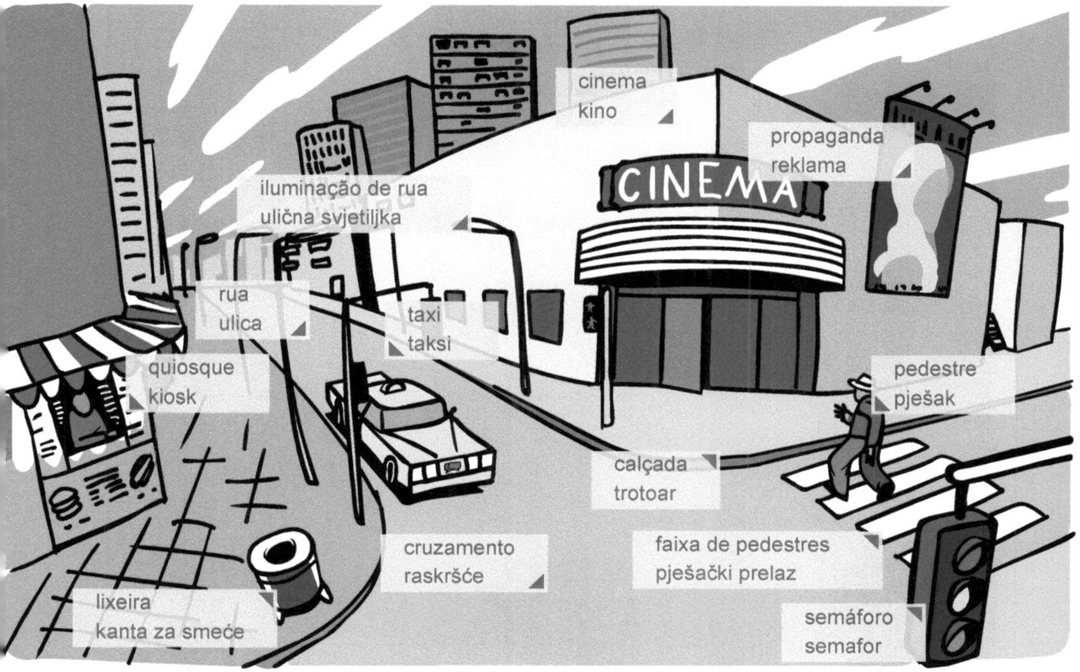
cinema
kino
propaganda
reklama
CINEMA
iluminação de rua
ulična svjetiljka
rua
ulica
taxi
taksi
quiosque
kiosk
pedestre
pješak
calçada
trotoar
cruzamento
raskršće
faixa de pedestres
pješački prelaz
lixeira
kanta za smeće
semáforo
semafor

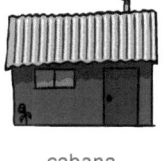

cabana

koliba

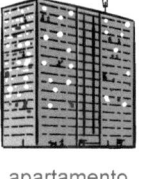

apartamento

stan

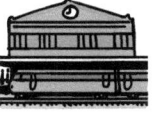

estação de trem

željeznička stanica

prefeitura

vjećnica

MUSEUM

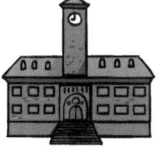

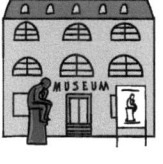

museu

muzej

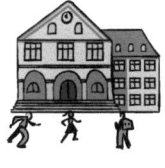

escola

škola

universidade
univerzitet

banco
banka

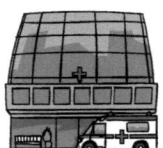

hospital
bolnica

hotel
hotel

farmácia
apoteka

escritório
ured

livraria
knjižara

loja
radnja

floricultura
cvjećara

supermercado
supermarket

mercado
pijaca

loja de departamentos
robna kuća

peixaria
prodavač ribe

centro comercial
trgovački centar

porto
luka

parque

park

banco

klupa

ponte

most

escadas

stepenice

metrô

podzemna željeznica

túnel

tunel

ponto de ônibus

autobuska stanica

bar

bar

restaurante

restoran

caixa de correspondência

poštanski sandučić

placa de rua

saobraćajni znak

parquímetro

sat za naplatu parkinga

zoológico

zoološki vrt

piscina

bazen

mesquita

džamija

fazenda
seosko imanje

poluição
zagađenje okoline

cemitério
groblje

igreja
crkva

parquinho
igralište

templo
hram

paisagem
krajolik

folha
list

placa de sinalização
putokaz

caminho
putokaz

gramado
livada

pedra
kamen

caminhantes
putnik

árvore
drvo

rio
rijeka

grama
trava

flor
cvijet

vale

dolina

montanha

brdo

lago

jezero

floresta

šuma

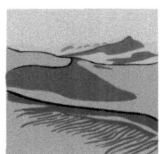

deserto

pustinja

vulcão

vulkan

castelo

dvorac

arco-íris

duga

cogumelo

gljiva

palmeira

palma

mosquito

komarac

mosca

muha

formiga

mrav

abelha

pčela

aranha

pauk

besouro

buba

sapo

žaba

esquilo

vjeverica

ouriço

jež

lebre

zec

coruja

sova

pássaro

ptica

cisne

labud

javali

divlja svinja

veado

jelen

alce

los

barragem

brana

aerogerador

vjetrenjača

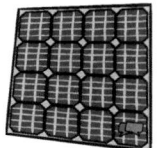

painel solar

solarni modul

clima

klima

garçom
konobar

menu
jelovnik

cadeira
stolica

sopa
supa

pizza
pica

talheres
pribor za jelo

toalha de mesa
stolnjak

entrada
predjelo

prato principal
glavno jelo

sobremesa
desert

bebidas
piće

comida
jelo

garrafa
flaša

fast food
brza hrana

comida de rua
jelo sa ulice

bule de chá
čajnik

açucareiro
šećernica

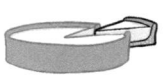

porção
porcija

máquina de expresso
mašina za espreso

cadeirão
barska stolica

conta
račun

bandeja
tacna

faca
nož

garfo
viljuška

colher
kašika

colher de chá
kašičica

guardanapo
salveta

copo
čaša

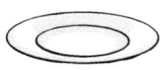

prato
·········
tanjir

prato de sopa
·········
tanjir za supu

pires
·········
tanjurić

molho
·········
sos

saleiro
·········
solanik

moedor de pimenta
·········
mlin za biber

vinagre
·········
sirće

óleo
·········
ulje

especiarias
·········
začini

ketchup
·········
kečap

mostarda
·········
senf

maionese
·········
majoneza

supermercado
supermarket

oferta especial
ponuda
FOR
cliente
klijent
laticínios
mliječni proizvodi
frutas
voće
carrinho de compras
kolica za kupovinu

BUTCHERS

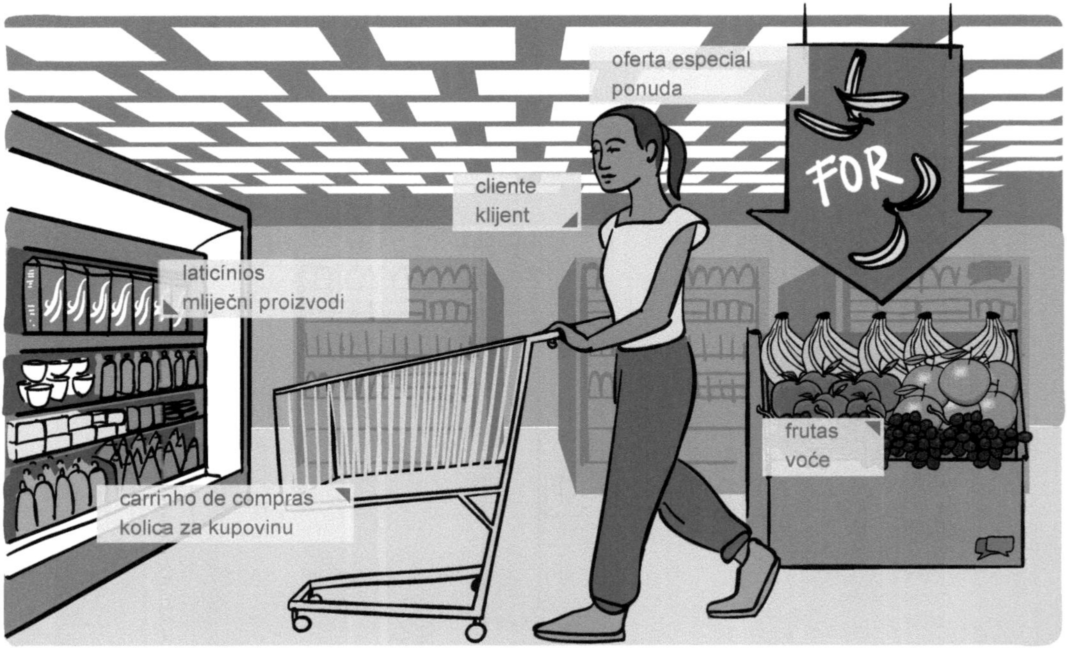

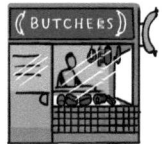

açougue

mesnica- klaonica

BAKERY

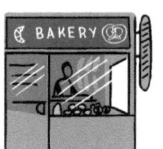

padaria

pekara

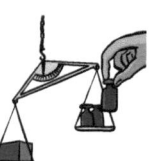

pesar

vagati

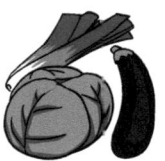

legumes

povrće

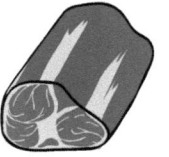

carne

meso

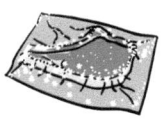

congelados

zaleđena hrana

charcutaria

narezak

conservas

konzerve

detergente em pó

prašak za veš

doces

slatkiši

artigos domésticos

kućanski proizvodi

produtos de limpeza

sredstvo za čišćenje

vendedora

prodavačica

caixa

kasa

caixa

blagajnik

lista de compras

lista za kupovinu

horário de funcionamento

radno vrijeme

carteira

novčanik

cartão de crédito

kreditna kartica

sacola

torba

saco plástico

najlonska vrećica

água voda	suco sok	leite mlijeko

coca-cola kola	vinho vino	cerveja pivo

álcool alkohol	cacau kakao	chá čaj

café kafa	expresso espreso	cappuccino kapućino

banana

banana

maçã

jabuka

laranja

narandža

melão

lubenica

limão

limun

cenoura

mrkva

alho

bijeli luk

bambu

bambus

cebola

crveni luk

cogumelo

gljiva

nozes

orašasti plodovi

macarrão

pasta

espaguete

špagete

arroz

riža

salada

salata

batatas fritas

pomfrit

batatas frias

pečeni krompir

pizza

pica

hambúrger

hamburger

sanduíche

sendvič

escalope

šnicla

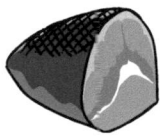

presunto

šunka

salame

kobasica

salsicha

kobasica

galinha

kokoš

assado

pečenje

peixe

riba

flocos de aveia

zobene pahuljice

granola

muzli

flocos de milho

kornfleks

farinha

brašno

croissant

kroason

pãozinho

zemičke

pão

kruh

torrada

tost

biscoitos

keksi

manteiga

maslac

requeijão

svježi sir

bolo

kolač

ovo

jaje

ovo frito

jaje na oko

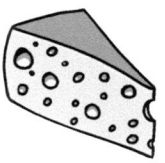

queijo

sir

comida - jelo

sorvete

sladoled

açúcar

šećer

mel

med

geleia

marmelada

creme de avelãs

nugat krema

curry

kuri

comida - jelo

fazenda
seosko imanje

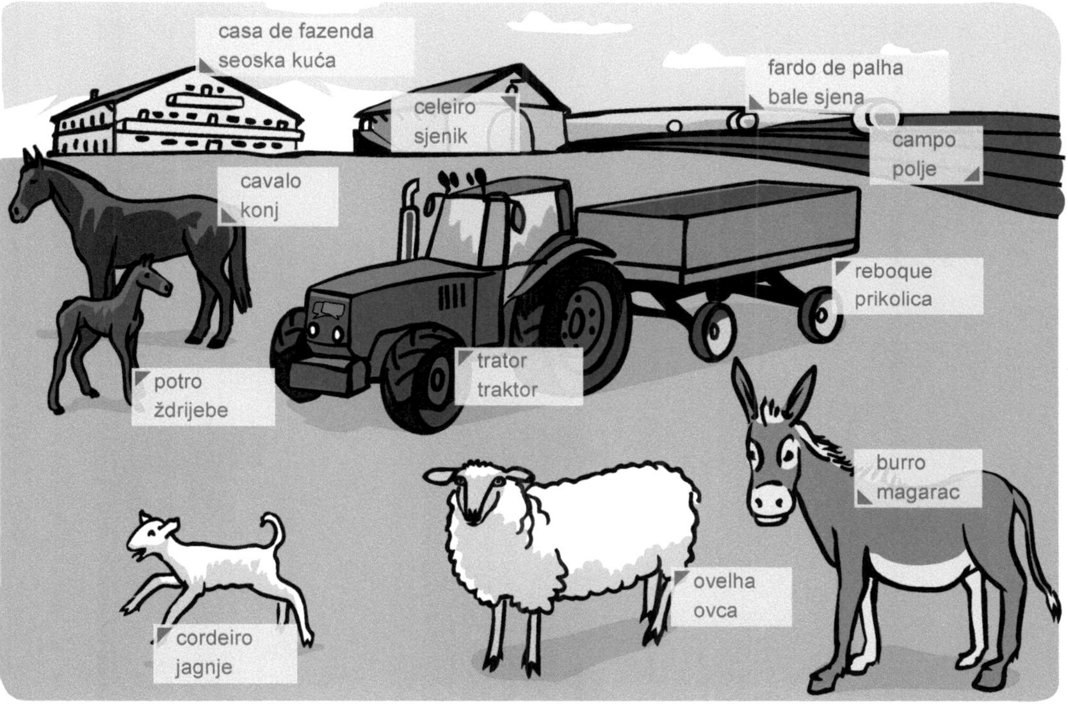

casa de fazenda
seoska kuća
celeiro
sjenik
fardo de palha
bale sjena
campo
polje
cavalo
konj
reboque
prikolica
trator
traktor
potro
ždrijebe
burro
magarac
ovelha
ovca
cordeiro
jagnje

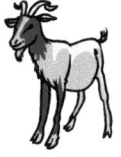

cabra

koza

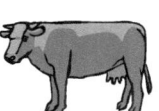

vaca

krava

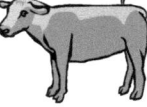

bezerro

tele

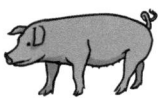

porco

svinja

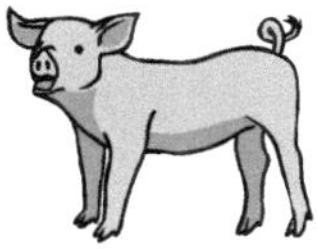

leitão

prase

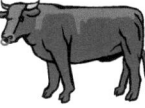

touro

bik

ganso

guska

pato

patka

pintinho

pile

galinha

kokoška

galo

pjetao

ratazana

pacov

gato

mačka

camundongo

miš

boi

vol

cachorro

pas

casinha do cachorro

pseća kućica

mangueira de jardim

crijevo za baštu

regador

kanta za zalijevanje

foice

kosa

arado

plug

foice

srp

enxada

motika

forquilha

vile

machado

sjekira

carrinho de mão

tačke

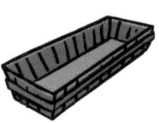

manjedoura

korito

jarra de leite

bokal za mlijeko

saco

vreća

cerca

ograda

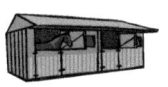

estábulo

štala

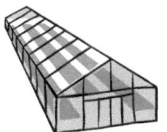

estufa

staklenik

solo

tlo

semente

sjeme

fertilizante

đubrivo

colheitadeira

kombajn

colher

kositi

colheita

žetva

inhame

jam korijen

trigo

pšerica

soja

soja

batata

krompir

milho

kukuruz

colza

uljana repica

árvore frutífera

drvo voća

mandioca

manioka

cereais

žito

casa

kuća

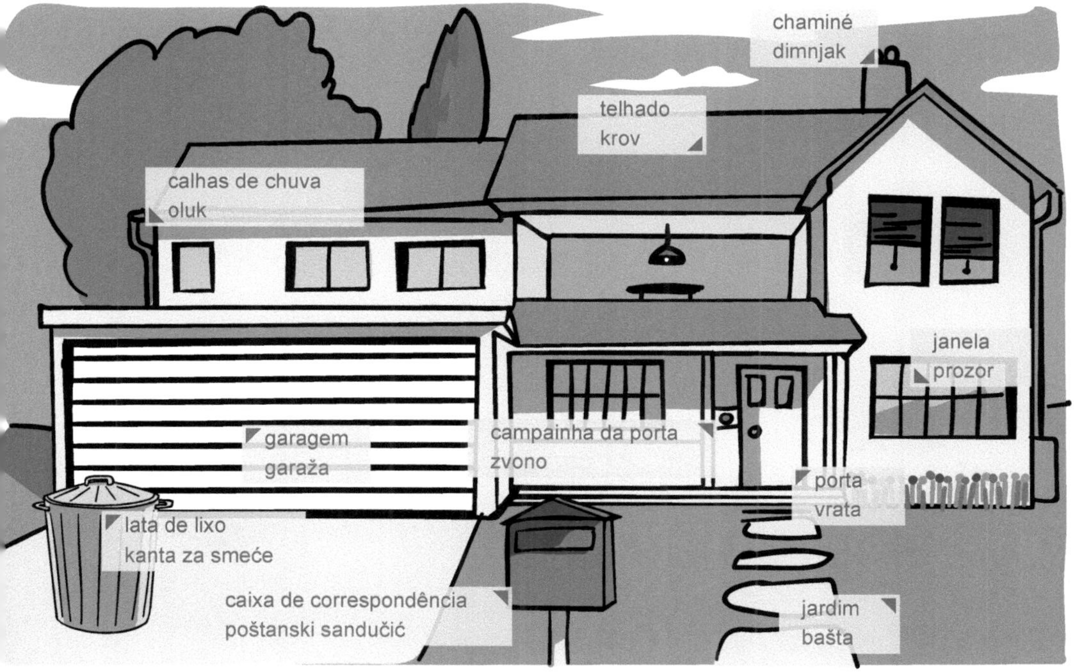
chaminé
dimnjak
telhado
krov
calhas de chuva
oluk
janela
prozor
garagem
garaža
campainha da porta
zvono
porta
vrata
lata de lixo
kanta za smeće
caixa de correspondência
poštanski sandučić
jardim
bašta

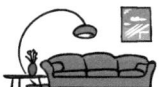

sala de estar

dnevni boravak

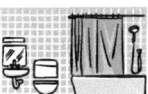

banheiro

kupatilo

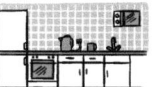

cozinha

kuhinja

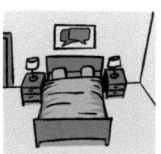

quarto de dormir

spavaća soba

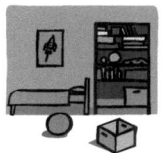

quarto de criança

dječija soba

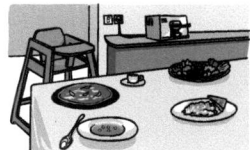

sala de jantar

trpezarija

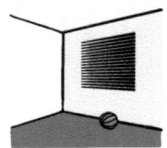

chão
....
pod, tlo

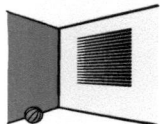

parede
....
zid

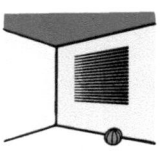

teto
....
plafon

porão
....
podrum

sauna
....
sauna

varanda
....
balkon

terraço
....
terasa

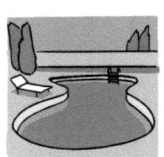

piscina
....
bazen

cortador de grama
....
kosilica

lençol
....
posteljina

coberta
....
pokrivač

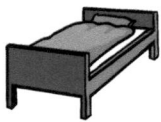

cama
....
krevet

vassoura
....
metla

balde
....
kanta

interruptor
....
prekidač

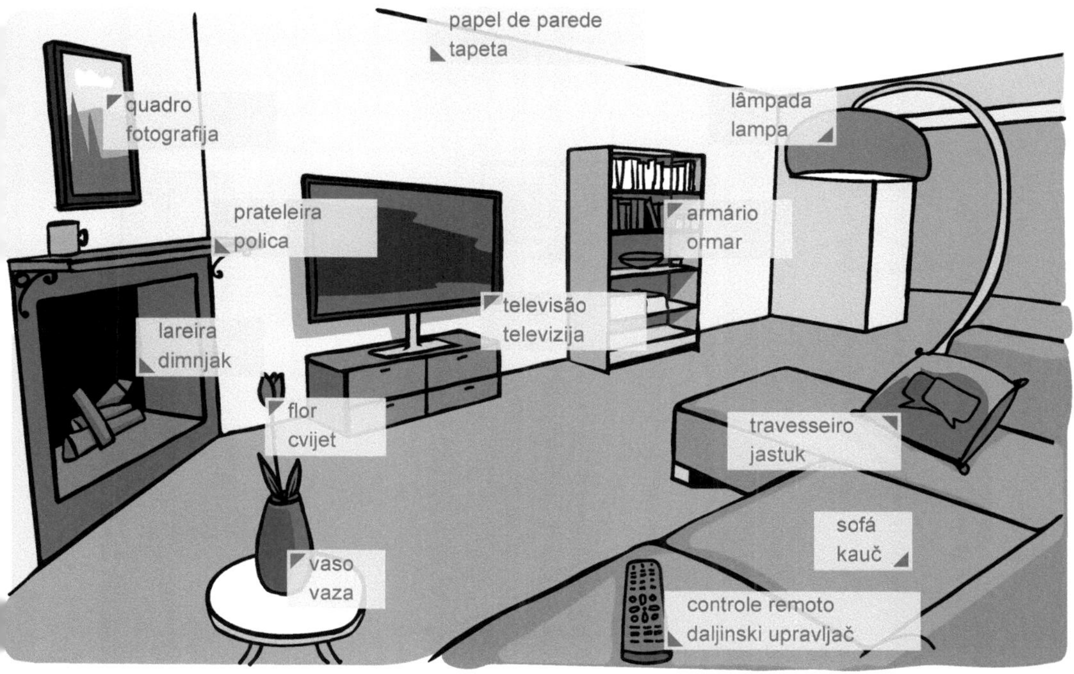

papel de parede
tapeta

quadro
fotografija

lâmpada
lampa

prateleira
polica

armário
ormar

lareira
dimnjak

televisão
televizija

flor
cvijet

travesseiro
jastuk

sofá
kauč

vaso
vaza

controle remoto
daljinski upravljač

tapete
tepih

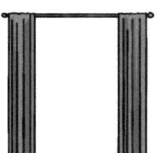

cortina
zavjesa

mesa
stol

cadeira
stolica

cadeira de balanço
stolica za ljuljanje

poltrona
fotelja

livro
knjiga

cobertor
deka

decoração
dekoracija

lenha
ložno drvo

filme
film

equipamento de som
stereo uređaj

chave
ključ

jornal
novine

pintura
umjetnička slika

pôster
poster

rádio
radio

bloco de notas
blok za bilješke

aspirador
usisavač

cacto
kaktus

vela
svijeća

cozinha
kuhinja

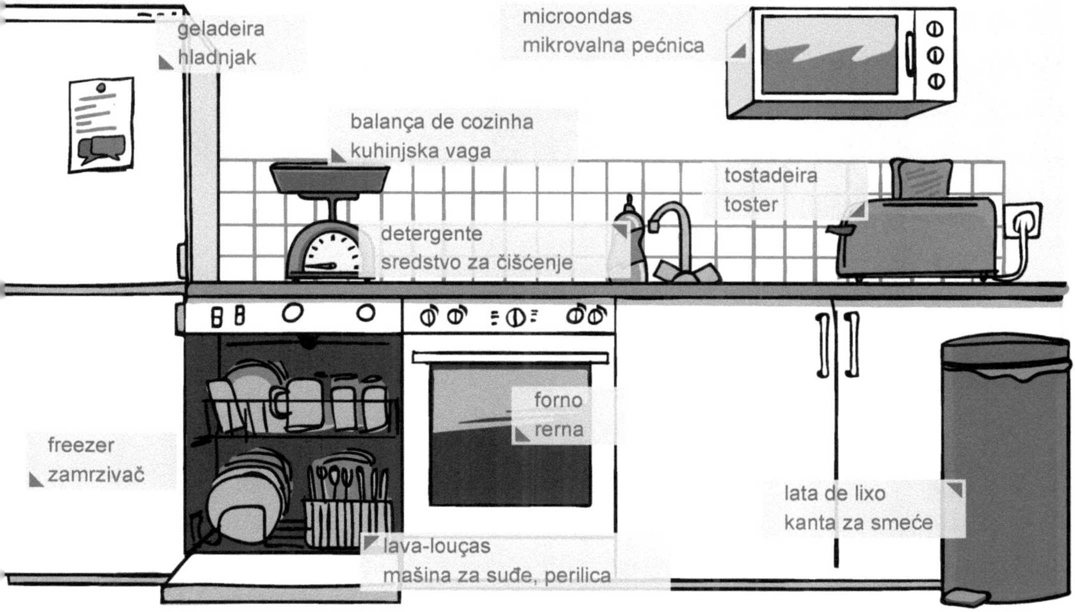

geladeira
hladnjak
microondas
mikrovalna pećnica
balança de cozinha
kuhinjska vaga
tostadeira
toster
detergente
sredstvo za čišćenje
forno
rerna
freezer
zamrzivač
lata de lixo
kanta za smeće
lava-louças
mašina za suđe, perilica

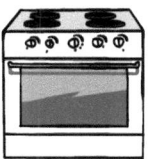

fogão

peć

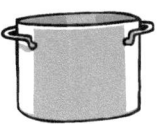

panela

lonac

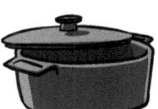

panela de ferro

metalni lonac

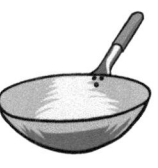

wok / kadai

vok / kadai

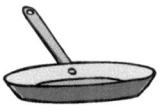

frigideira

tava, tiganj

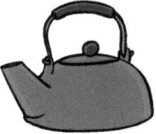

chaleira

kuhalo

panela a vapor

aparat za kuhanje na pari

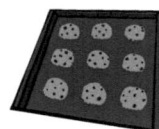

tabuleiro de forno

lim za pečenje

louça

posuđe

caneca

šalica

caçarola

činija

hashi

kineski štapići

concha de sopa

kutlača

espátula

lopatica

batedor

metlica za snijeg bjelanjca

escorredor

sito za kuhanje

peneira

sito

ralador

ribež

almofariz

avan s tučkom

churrasqueira

roštilj

lareira

ložište

tábua de cortar

daska

rolo da massa

oklagija

saca-rolhas .

vadičep

lata

konzerva

abridor de latas

otvarač za konzerve

pegador de panela

krpe za lonac

pia

sudoper

escova

četka

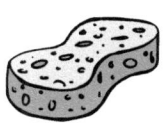

esponja

spužva

liquidificador

mikser

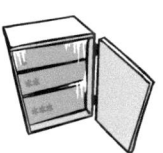

congelador

zamrzivač

mamadeira

flašica za bebu

torneira

slavina

banheiro
kupatilo

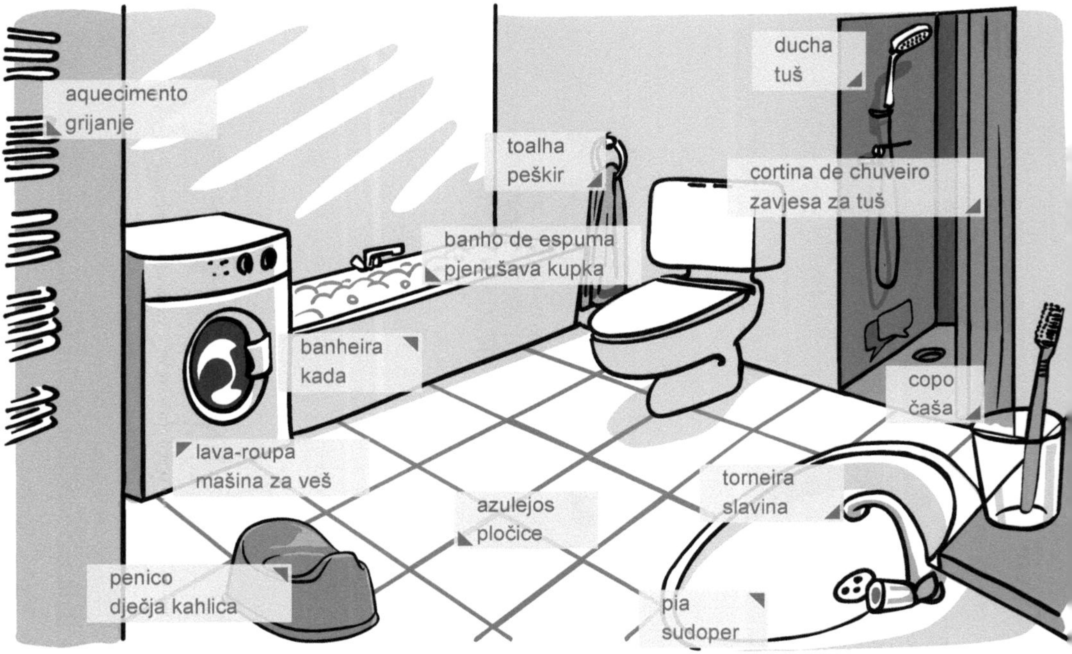

aquecimento
grijanje
ducha
tuš
toalha
peškir
cortina de chuveiro
zavjesa za tuš
banho de espuma
pjenušava kupka
banheira
kada
copo
čaša
lava-roupa
mašina za veš
torneira
slavina
azulejos
pločice
penico
dječja kahlica
pia
sudoper

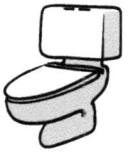

vaso sanitário

toalet

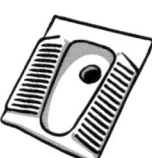

lavabo de agachar

čučavac

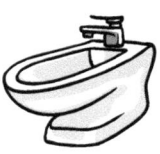

bidê

bide

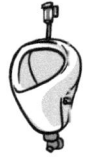

mictório

pisoar

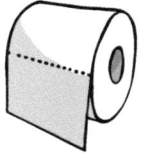

papel higiênico

toalet papir

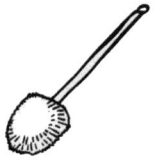

escova de privada

četka za wc

escova de dentes

četkica za zube

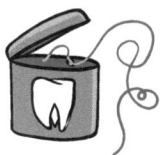

pasta de dentes

pasta za zube

fio dental

zubni konac

lavar

prati

ducha de mão

tuš

ducha íntima

intimni tuš

bacia

lavor

escova para as costas

četka za leđa

sabonete

sapun

gel de banho

gel za tuširanje

xampu

šampon

toalha de rosto

krpe za pranje

escoamento

odvod

creme

krema

desodorante

dezodorans

espelho
ogledalo

espelho de mão
ogledalo za šminkanje

barbeador
brijač

espuma de barbear
pjena za brijanje

loção pós-barba
vodica poslije brijanja

pente
češalj

escova
četka

secador de cabelo
fen

spray de cabelo
sprej za kosu

maquiagem
puder

batom
karmin

esmalte de unhas
lak za nokte

algodão
vata

tesoura para unhas
makazice za nokte

perfume
parfem

nécessaire

kozmetička torbica

banquinho

hoklica

balança

vaga

roupão de banho

kupaći ogrtač

luvas de borracha

rukavice za čišćenje

absorvente interno

tampon

absorvente íntimo

uložak za dame

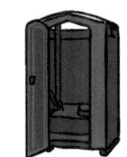

banheiro químico

hemijski toalet

quarto de criança
dječija soba

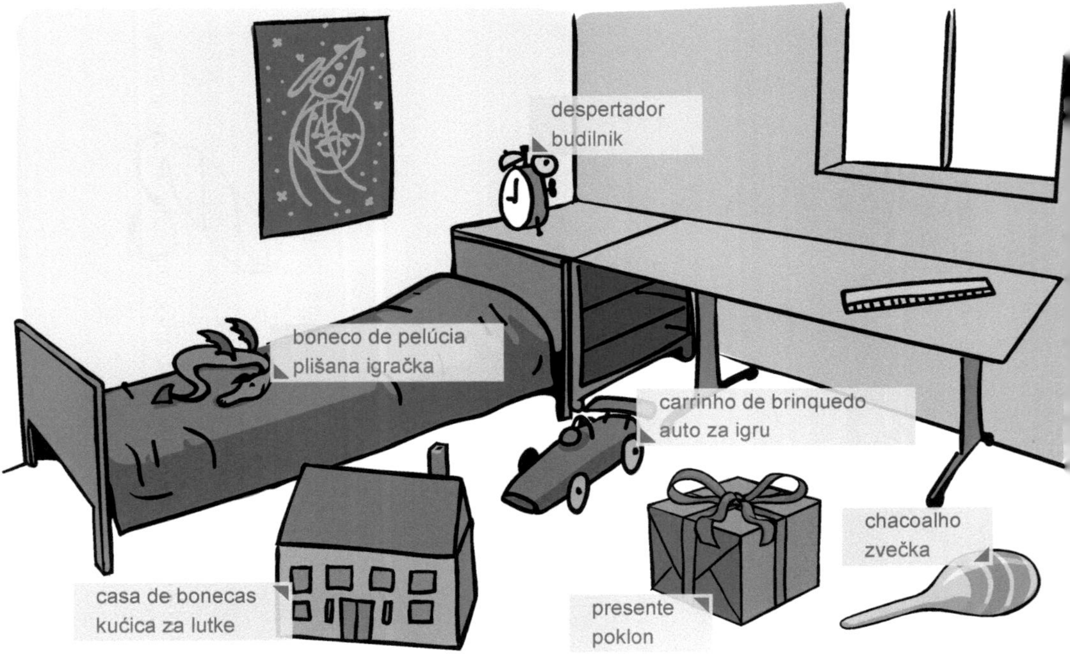

despertador
budilnik
boneco de pelúcia
plišana igračka
carrinho de brinquedo
auto za igru
chacoalho
zvečka
casa de bonecas
kućica za lutke
presente
poklon

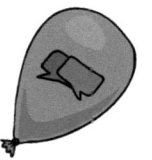

balão
balon

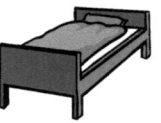

cama
krevet

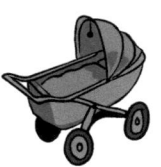

carrinho de bebê
kolica za djecu

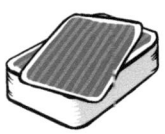

jogo de cartas
karte za igranje

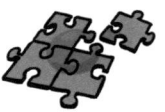

quebra-cabeças
puzle

SUPER MEGA

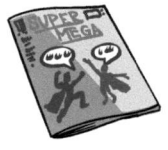

revista de quadrinhos
strip

peças de Lego

lego kockice

blocos de construção

kockice za gradnju

figura de ação

akcione figure

macaquinho de bebê

benkica

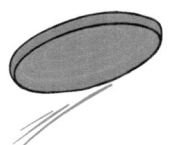

frisbee

frizbi

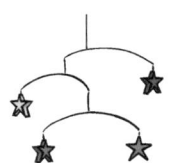

móbile para bebé

mobile

jogo de tabuleiro

igra na ploči

dados

kocka

trenzinho elétrico

miniatura željeznice

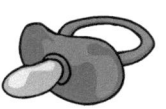

chupeta

cucla

festa

zabava

livro ilustrado

slikovnica

bola

lopta

boneca

lutka

brincar

igrati

caixa de areia

pješćanik

balanço

ljuljačka

brinquedos

igračke

videoçame

konzola za igru

triciclo

triciklo

ursinho de pelúcia

medvjedić

guarda-roupa

ormar

vestuário
odjeća

meias

kratke čarape

meias pelo joelho

čarape

meias-calças

hulahopke

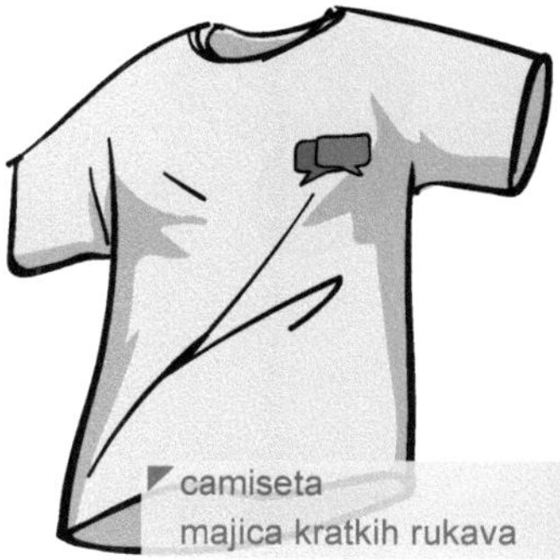

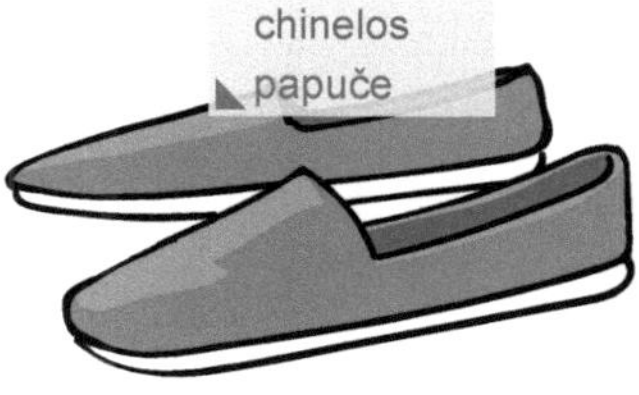

cachecol
šal

cinto
kaiš

guarda-chuva
kišobran

camiseta
majica kratkih rukava

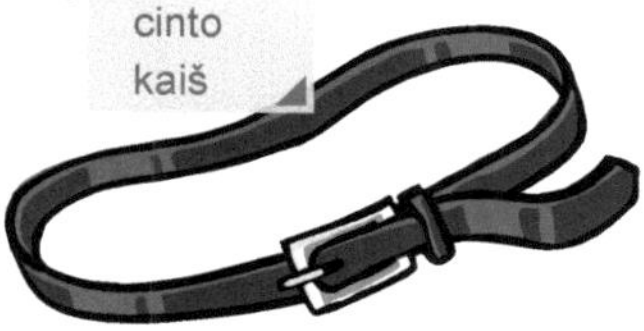

botas
čizme

chinelos
papuče

tênis
patike

sandálias
sandale

sapatos
cipele

botas de borracha
gumene čizme

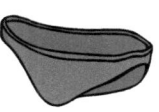
roupa de baixo
gaće

sutiã
grudnjak

camiseta de baixo
potkošulja

bcdy

bodi

calças

hlače

jeans

farmerke

saia

suknja

blusa

bluza

camisa

košulja

pulôver

džemper

suéter com capuz

majica

blazer

sako

jaqueta

jakr a

casaco

mantil

gabardine

kišni mantil

traje

kostim

vestido

haljina

vestido de casamento

vjenčanica

terno
odijelo

camisola
spavaćica

pijama
pidžama

sari
sari

lenço de cabeça
marama

turbante
turban

burca
burka

cafetã
kaftan

abaya
abaja

maiô
kupaći kostim

sunga
kupaće gaće

shorts
kratke hlače

roupa de treino
trenerka

avental
pregača

luvas
rukavice

botão

ducme

óculos

naočare

pulseira

narukvica

colar

ogrl ca

anel

prsten

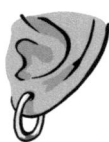

brinco

naušnica

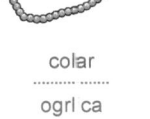

boné

kapa

cabide

vješalica

chapéu

šešir

gravata

kravata

zíper

patentni zatvarač

capacete

kaciga

suspensórios

tregeri za hlače

uniforme escolar

školska uniforma

uniforme

uniforma

babador
....
podbradak

chupeta
....
cucla

fralda
....
pelene

escritório
ured

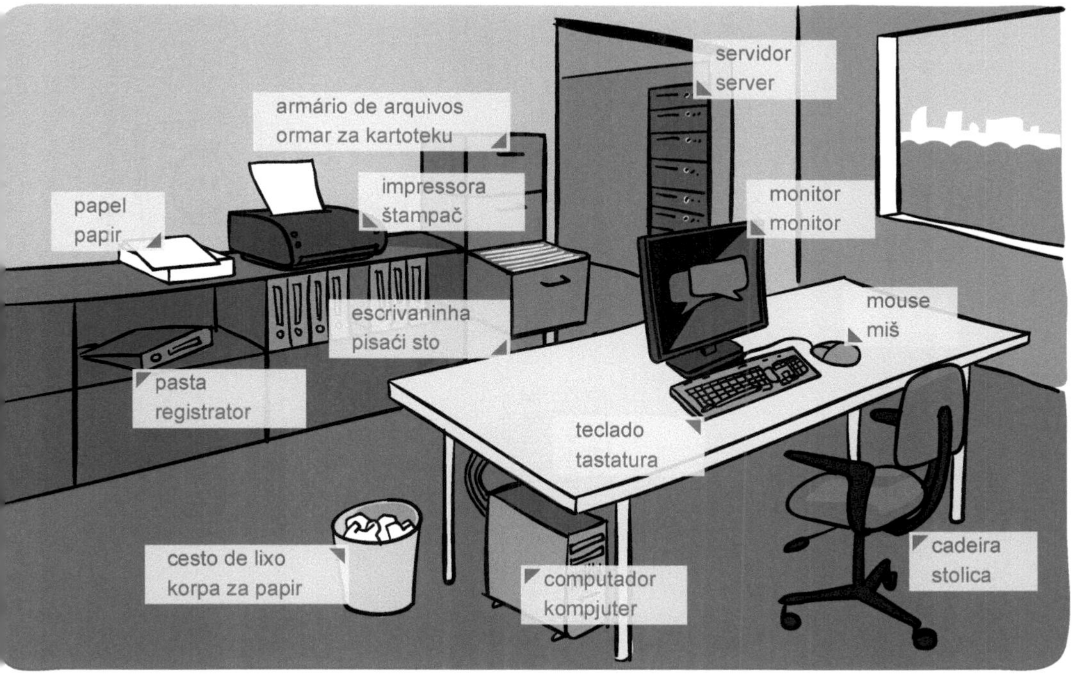

armário de arquivos
ormar za kartoteku

servidor
server

papel
papir

impressora
štampač

monitor
monitor

escrivaninha
pisaći sto

mouse
miš

pasta
registrator

teclado
tastatura

cesto de lixo
korpa za papir

computador
kompjuter

cadeira
stolica

xícara de café
....
šolja za kafu

calculadora
....
kalkulator

internet
....
internet

escritório - ured   49

laptop

laptop

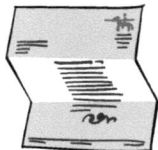

carta

pismo

mensagem

poruka

celular

mobilni telefon

rede

mreža

copiadora

aparat za kopiranje

software

softver

telefone

telefon

tomada

utičnica

fax

faks

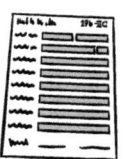

formulário

formular

documento

dokument

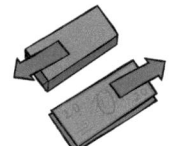

comprar
kupovati

pagar
platiti

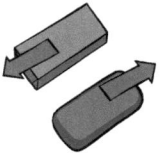

negociar
trgovati

dinheiro
novac

USD

Dólar
dolar

EUR

Euro
euro

JPY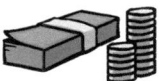

Yen
jen

RUB

rublo
rublja

CHF

franco suíço
franak

CNY

renminbi yuan
renminbi jen

INR

rupia
rupi

caixa eletrônico
bankomat

casa de câmbio

mjenjačnica

ouro

zlato

prata

srebro

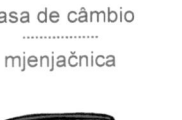

petróleo

nafta

energia

energija

preço

cijena

contrato

ugovor

imposto

porez

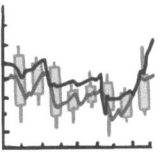

ação

akcija

trabalhar

raditi

empregado

službenik

empregador

poslodavac

fábrica

fabrika

loja

radnja

profissões
zanimanja

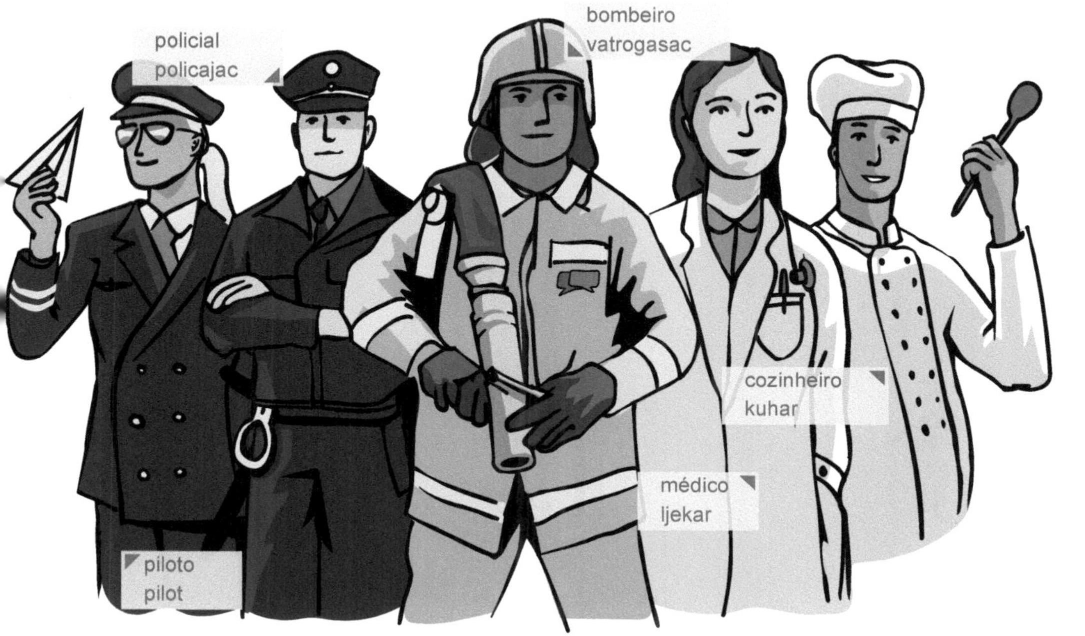

policial
policajac
bombeiro
vatrogasac
cozinheiro
kuhar
médico
ljekar
piloto
pilot

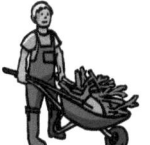

jardineiro

baštovan

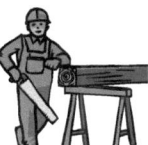

marceneiro

stolar

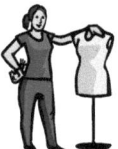

costureira

krojačica

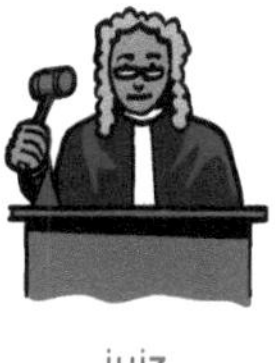

juiz

sudija

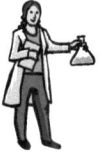

químico

hemičar

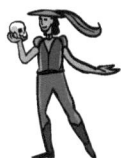

ator

glumac

motorista de ônibus

vozač autobusa

motorista de táxi

vozač taksija

pescador

ribar

faxineira

čistačica

telhador

krovopokrivač

garçom

konobar

caçador

lovac

pintor

moler

padeiro

pekar

eletricista

električar

construtor

građevinski radnik

engenheiro

inženjer

açougueiro

koljač

encanador

limar, vodoinstalater

carteiro

poštar

soldado

vojnik

arquiteto

arhitekta

caixa

blagajnik

florista

cvjećar

cabelereiro

frizer

condutor

kontrolor

mecânico

mehaničar

capitão

kapiten

dentista

zubar

cientista

naučnik

rabino

rabin

imam

imam

monge

monah

pastor

sveštenik

ferramentas
alat

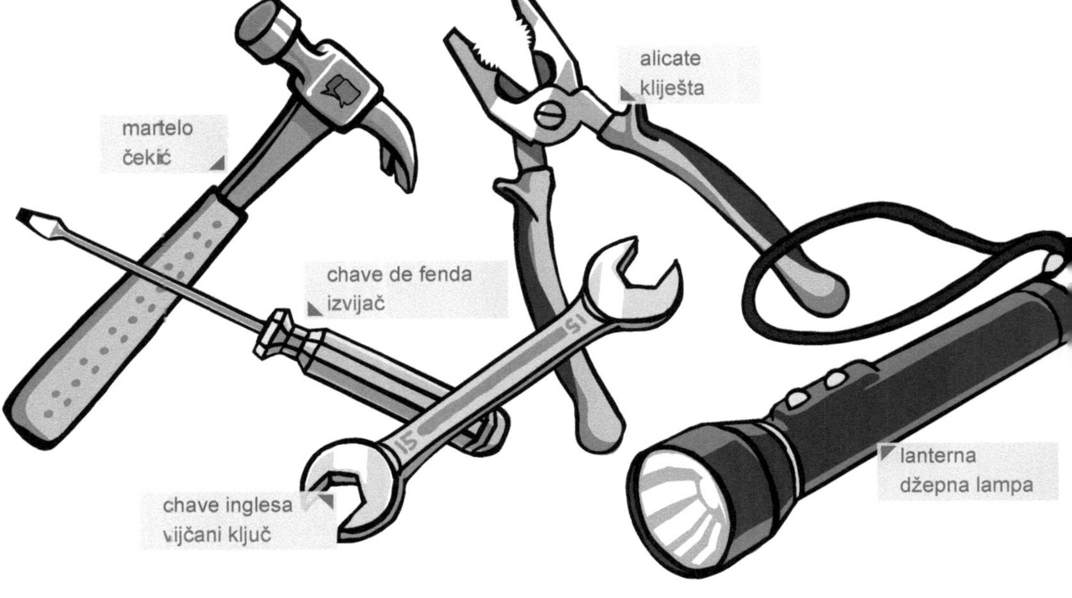
martelo
čekić
alicate
kliješta
chave de fenda
izvijač
chave inglesa
vijčani ključ
lanterna
džepna lampa

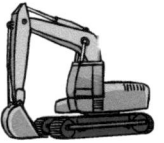

escavadora

bager

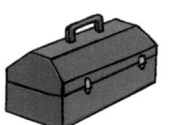

caixa de ferramentas

kutija sa alatom

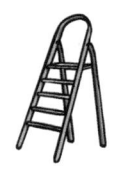

escada de mão

ljestve

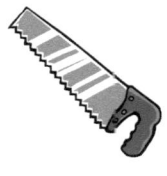

serra

testera, pila

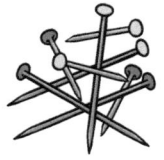

pregos

ekser

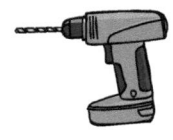

furadeira

bušilica

consertar

popraviti

pá

lopata

Droga!

sranje!

pá de lixo

lopatica

pote de tinta

kanta boje

parafusos

vijak

instrumentos musicais
muzički instrumenti

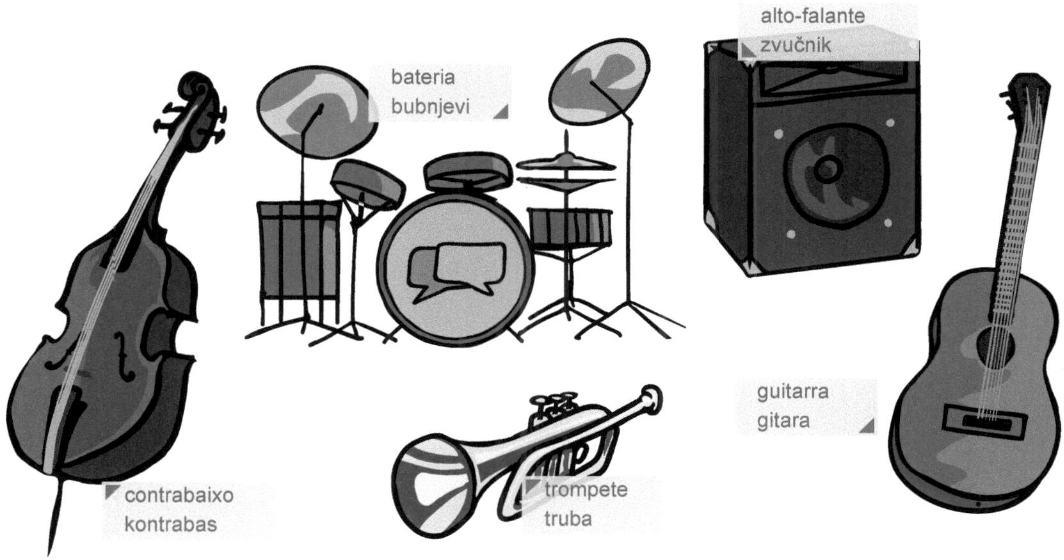

bateria
bubnjevi

alto-falante
zvučnik

guitarra
gitara

contrabaixo
kontrabas

trompete
truba

piano

klavir

violino

violina

baixo

bas

timbales

bubanj timpani

tambor

bubanj

teclado

sintisajzer

saxofone

saksofon

flauta

flauta

microfone

mikrofon

zoológico
zološki vrt

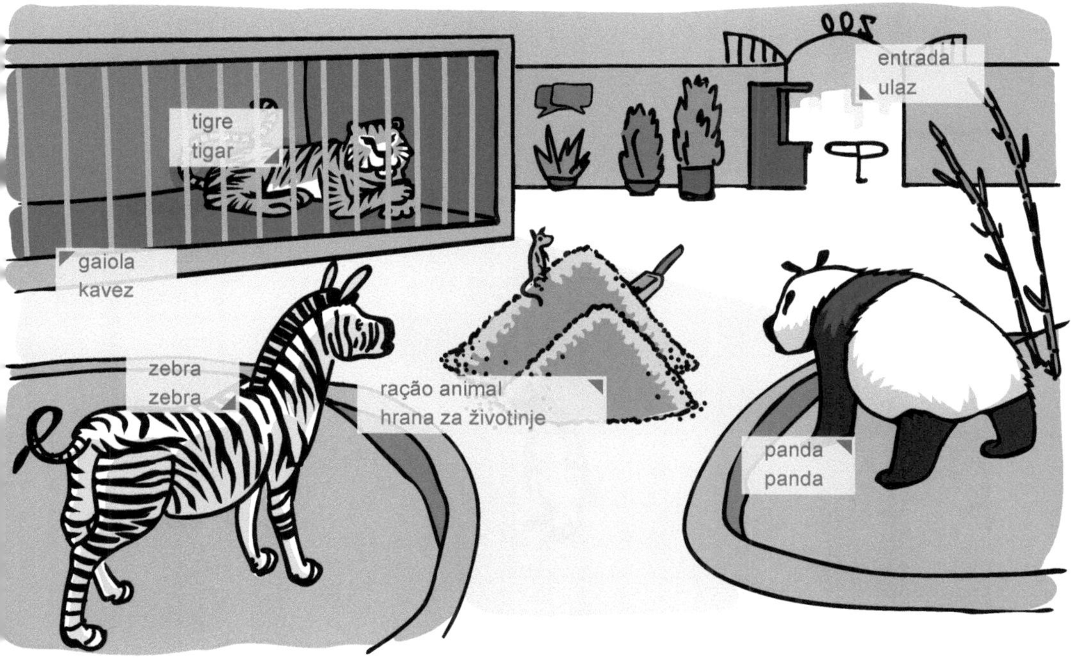

entrada
ulaz
tigre
tigar
gaiola
kavez
zebra
zebra
ração animal
hrana za životinje
panda
panda

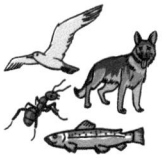

animais
životinje

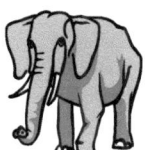

elefante
slon

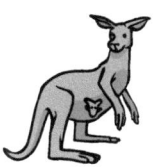

canguru
kengur

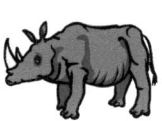

rinoceronte
nosorog

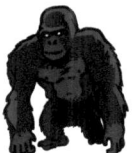

gorila
gorila

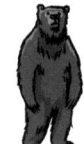

urso
medvjed

camelo

kamila

avestruz

noj

leão

lav

macaco

majmun

flamingo

flamingo

papagaio

papagaj

urso polar

polarni medvjed

pinguim

pingvin

tubarão

morski pas

pavão

paun

cobra

zmija

crocodilo

krokodil

guarda do zoológico

čuvar u zološkom vrtu

foca

tuljan

jaguar

jaguar

pônei
....
poni

leopardo
....
leopard

hipopótamo
....
nilski konj

girafa
....
žirafa

águia
....
orao

javali
....
divlja svinja

peixe
....
riba

tartaruga
....
kornjača

morsa
....
morž

raposa
....
lisica

gazela
....
gazela

futebol americano
američki fudbal

ciclismo
vožnja bicikla

tênis
tenis

basquete
košarka

natação
plivanje

boxe
boks

hóquei no gelo
hokej na ledu

futebol
fudbal

badminton
bedminton

atletismo
laka atletika

handebol
rukomet

esqui
skijanje

polo
polo

pular
skakati

abraçar
zagrliti

rir
smijati se

andar
ići

cantar
pjevati

sonhar
sanjati

rezar
moliti

beijar
ljubiti

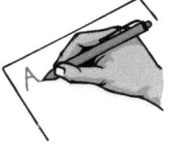

escrever
....
pisati

desenhar
....
crtati

mostrar
....
pokazati

empurrar
....
gurati

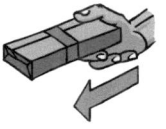

dar
....
dati

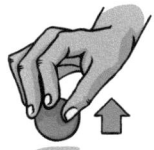

tomar
....
uzeti

ter
imati

fazer
raditi

ser
biti

ficar de pé
stajati

correr
trčati

puxar
vući

jogar
bacti

cair
pasti

deitar
ležati

esperar
čekati

carregar
nositi

sentar
sjediti

vestir
obući

dormir
spavati

despertar
probuditi

olhar para

pogledati

chorar

plakati

acariciar

milovati

pentear

češljati

falar

govoriti

entender

razumjeti

perguntar

pitati

ouvir

slušati

beber

piti

comer

jesti

arrumar

pospremiti

amar

voljeti

cozinhar

kuhati

dirigir

voziti

voar

letjeti

velejar

jedriti

calcular

računati

ler

čitati

aprender

učiti

trabalhar

raditi

casar

vjenčavti

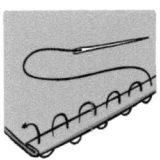

costurar

šiti

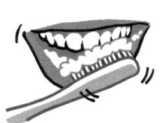

escovar os dentes

prati zube

matar

ubiti

fumar

pušiti

enviar

slati

avó
baka

avô
djed

pai
otac

mãe
majka

bebê
beba

filha
kćerka

filho
sin

convidado

gost

tia

ujna, tetka, strina

tio

ujak, tetak, stric

irmão

brat

irmã

sestra

corpo
tijelo

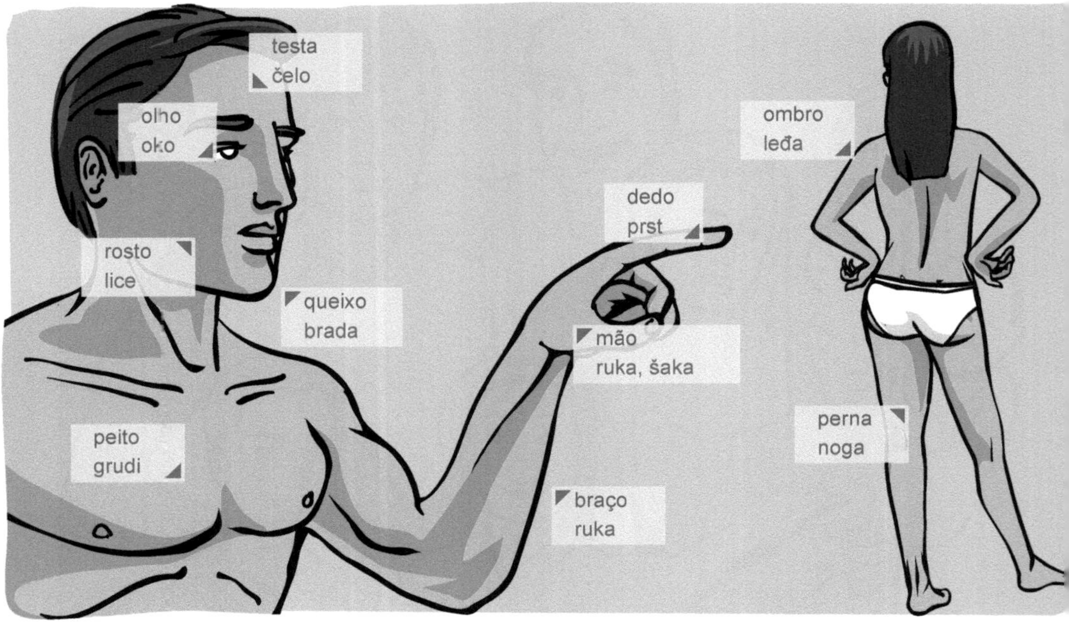

testa
čelo
olho
oko
ombro
leđa
dedo
prst
rosto
lice
queixo
brada
mão
ruka, šaka
perna
noga
peito
grudi
braço
ruka

bebé
beba

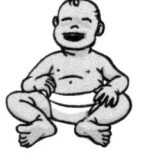

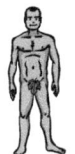

homem
muškarac

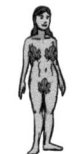

mulher
žena

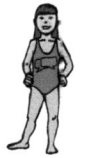

menina
djevojčica

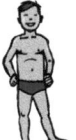

menino
dječak

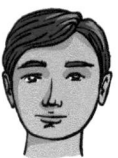

cabeça
glava

costas
leđa

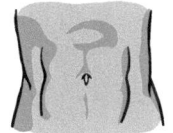

barriga
stomak

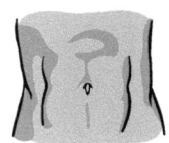

umbigo
pupak

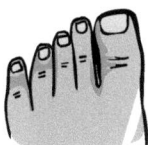

dedo do pé
nožni prst

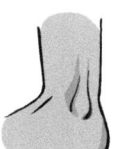

calcanhar
peta

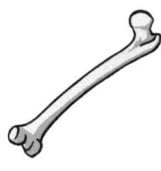

osso
kosti

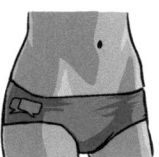

anca
kuk

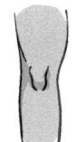

joelho
koljeno

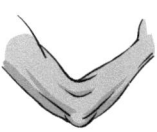

cotovelo
lakat

nariz
nos

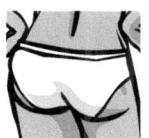

nádegas
stražnjica

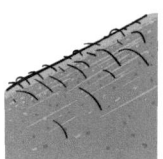

pele
koža

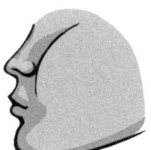

bochecha
obraz

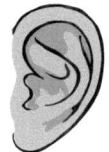

orelha
uho

lábio
usna

corpo - tijelo

69

bcca
....
usta

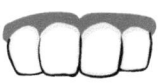

dente
....
zub

língua
....
jezik

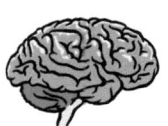

cérebro
....
mozak

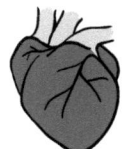

coração
....
srce

músculo
....
mišić

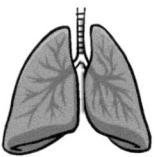

pulmão
....
pluća

fígado
....
jetra

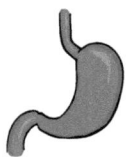

estômago
....
želudac

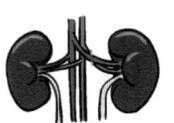

rins
....
bubreg

relações sexuais
....
spolni odnos

preservativo
....
kondom

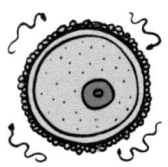

óvulo
....
jajna ćelija

esperma
....
sperma

gravidez
....
trudnoća

corpo - tijelo

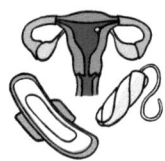

menstruação
menstruacija

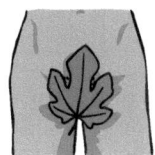

vagina
vagina

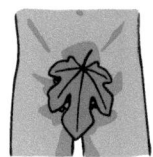

pênis
penis

sobrancelha
obrva

cabelo
kosa

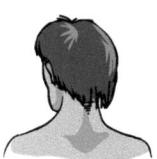

pescoço
vrat

hospital
bolnica

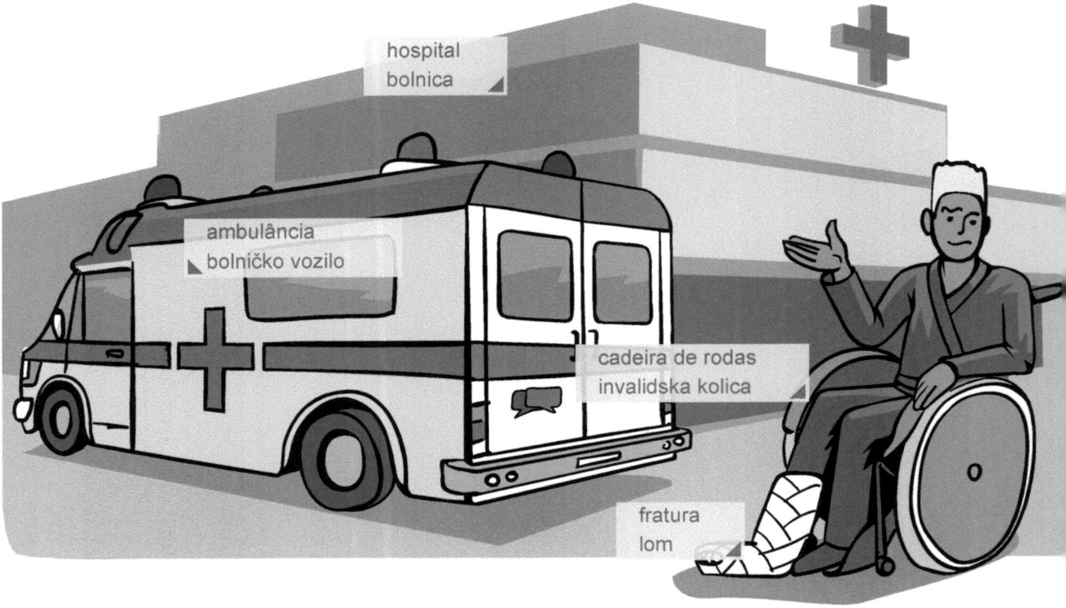

hospital
bolnica
ambulância
bolničko vozilo
cadeira de rodas
invalidska kolica
fratura
lom

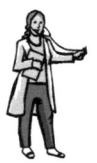

médico

ljekar

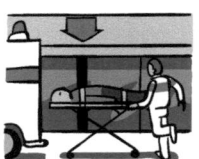

pronto-socorro

hitna služba

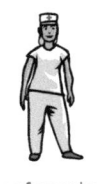

enfermeira

medicinska sestra

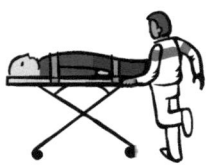

emergência

hitna pomoć

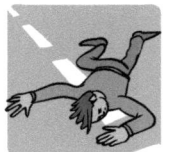

inconsciente

nesvjest

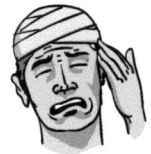

dor

bol

ferimento

povreda

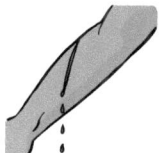

hemorragia

krvarenje

ataque cardíaco

srčani udar, infarkt

acidente vacular cerebral

moždani udar

alergia

alergija

tosse

kašalj

febre

groznica

gripe

gripa

diarreia

proljev

dor de cabeça

glavobolja

câncer

rak

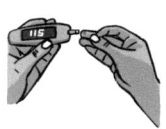

diabetes

dijabetes

cirurgião

hirurg

bisturi

skalpel

operação

operacija

CT
CT

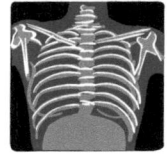

raio x
rendgen

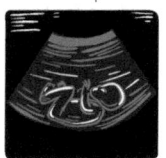

ultrassom
ultrazvuk

máscara
maska

doença
bolest

sala de espera
čekaonica

muleta
štake

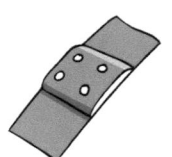

bandeide
flaster

ligadura
zavoj

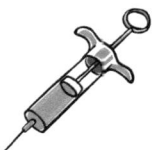

injeçãc
injekcija

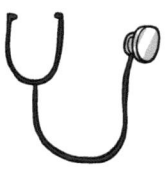

estetoscópio
stetoskop

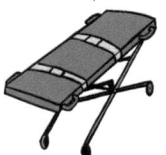

maca
nosilo

termômetro
termometar

nascimento
porod

excesso de peso
prekomjerna težina, debljina

aparelho auditivo

slušni aparat

desinfetante

sredstvo za dezinfekciju

infecção

infekcija

vírus

virus

HIV / AIDS

HIV/ AIDS

medicamento

medicina

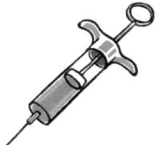

vacinação

vakcinacija

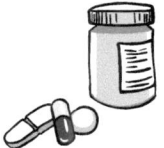

comprimidos

tablete

pílula

pilula

chamada de emergência

hitni poziv

dispositivo de medição de pressão arterial

aparat za mjerenje pritiska

doente / saudável

bolestan / zdrav

Socorro!

Upomoć!

alarme

alarm

assalto

napad, prepad

ataque

napad

perigo

opasnost

saída de emergência

izlaz u slučaju opasnosti

Fogo!

Požar!

extintor de incêndios

vatrogasni aparat

acidente

nezgoda

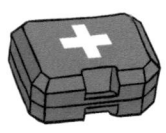

maleta de primeiros socorros

torba prve pomoći

SOS

SOS

polícia

policija

Europa
....
Europa

América do Norte
....
Sjeverna Amerika

América do Sul
....
Južna Amerika

África
....
Afrika

Ásia
....
Azija

Austrália
....
Australija

Atlântico
....
Atlantik

Pacífico
....
Pacifik

Oceano Índico
....
Indijski okean

Oceano Antártico
....
Antarktički okean

Oceano Ártico
....
Arktički okean

Polo Norte
....
Sjeverni pol

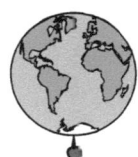

Polo Sul

Južni pol

Antártica

Antarktik

Terra

Zemlja

terra

zemlja

mar

more

ilha

ostrvo

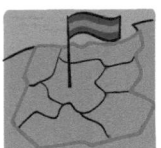

nação

nacija

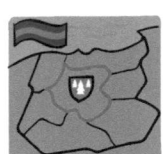

estado

država

mostrador do relógio
brojčanik sata

ponteiro das horas
kazaljka sata

ponteiro dos minutos
kazaljka minute

ponteiro dos segundos
kazaljka sekunde

Que horas são?
Koliko je sati?

dia
dan

tempo
vrijeme

agora
sada

relógio digital
digitalni sat

minuto
minuta

hora
sat

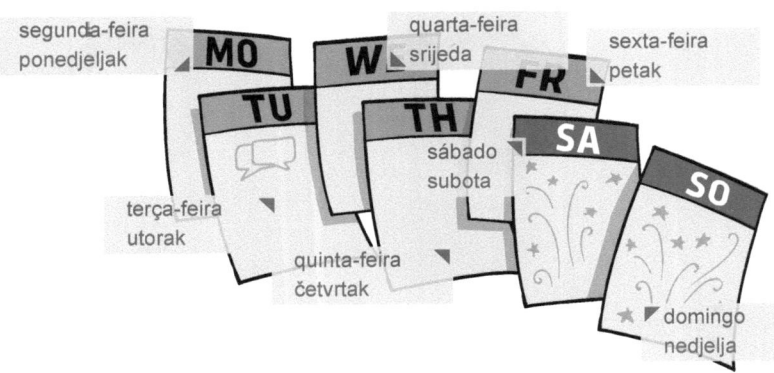

segunda-feira
ponedjeljak

quarta-feira
srijeda

sexta-feira
petak

terça-feira
utorak

quinta-feira
četvrtak

sábado
subota

domingo
nedjelja

ontem

juče

hoje

danas

amanhã

sutra

manhã

jutro

meio-dia

podne

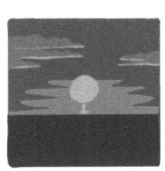

entardecer

veče

MO	TU	WE	TH	FR	SA	SU
1	2	3	4	5	6	7
8	9	10	11	12	13	14
15	16	17	18	19	20	21
22	23	24	25	26	27	28
29	30	31	1	2	3	4

dias úteis

radni dani

MO	TU	WE	TH	FR	SA	SU
1	2	3	4	5	6	7
8	9	10	11	12	13	14
15	16	17	18	19	20	21
22	23	24	25	26	27	28
29	30	31	1	2	3	4

fim de semana

vikend

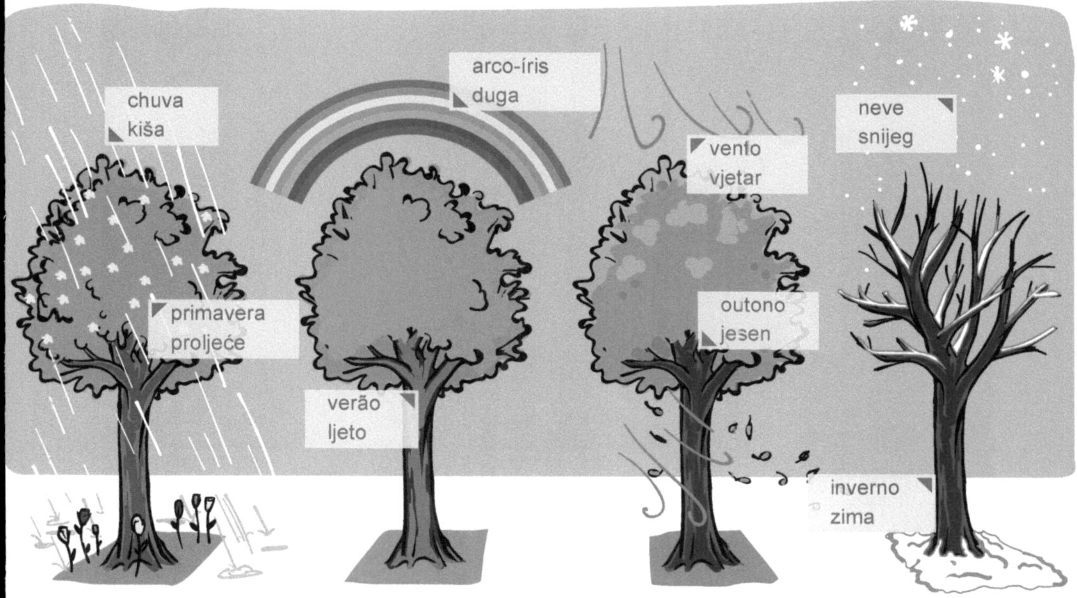

chuva
kiša

arco-íris
duga

vento
vjetar

neve
snijeg

primavera
proljeće

outono
jesen

verão
ljeto

inverno
zima

4.APRIL	11°	☀
5.APRIL	4°	☁
6.APRIL	13°	☁
7.APRIL	8°	☀
8.APRIL	10°	☀

previsão do tempo

prognoza vremena

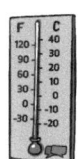

termômetro

termometar

raio de sol

sunčev sjaj

nuvem

oblak

neblina / nevoeiro

magla

umidade do ar

vlažnost vazduha

relâmpago
munja

trovão
grom

tempestade
oluja

granizo
tuča, led

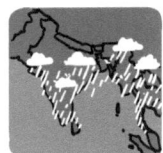

monção
monsun

inundação
poplava

gelo
led

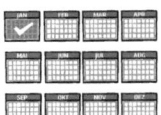

janeiro
januar

fevereiro
februar

março
mart

abril
april

maio
maj

junho
juni

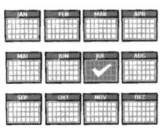

julho
juli

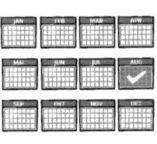

agosto
avgust

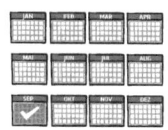

setembro
....
septembar

outubro
....
oktobar

novembro
....
novembar

dezembro
....
decembar

círculo
....
krug

quadrado
....
kvadrat

retângulo
....
pravougao

triângulo
....
trougao

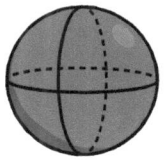

esfera
....
kugla

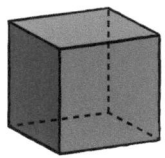

cubo
....
kocka

branco
....
bjel

amarelo
....
žut

laranja
....
narandžast

rosa
....
pink

vermelho
....
crven

lilás
....
ljubičast

azul
....
plav

verde
....
zelen

marrom
....
smeđ

cinza
....
siv

preto
....
crn

muito / pouco

malo / mnogo

furioso / tranquilo

ljutit / miran

lindo / feio

lijep / ružan

começo / fim

početak / kraj

grande / pequeno

veliki / mali

claro / escuro

svijetlo / tamno

irmão / irmã

brat / sestra

limpo / sujo

čist / prljav

completo / incompleto

potpun / nepotpun

dia / noite

dan / noć

morto / vivo

mrtav / živ

largo / estreito

široko / usko

comestível / não comestível

ukusno / neukusno

mau / gentil

zao / prijatan

entusiasmado / entediado

uzbuđen / dosadan

gordo / magro

debeo / mršav

primeiro / último

najprije / najkasnije

amigo / inimigo

prijatelj / neprijatelj

cheio / vazio

pun / prazan

duro / macio

trvd / mekan

pesado / leve

težak / lagan

fome / sede

glad / žeđ

doente / saudável

bolestan / zdrav

ilegal / legal

ilegalan / legalan

inteligente / idiota

inteligentan / glup

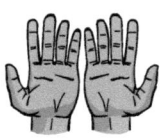

esquerda / direita

lijevo / desno

perto / longe

blizu / daleko

novo / usado

nov / polovan

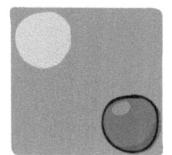

nada / alguma coisa

ništa / nešto

velho / jovem

star / mlad

ligado / desligado

uključeno / isključeno

aberto / fechado

otvoreno / zatvoreno

baixo / alto

tiho / glasno

rico / pobre

bogat / siromašan

certo / errado

tačno / pogrešno

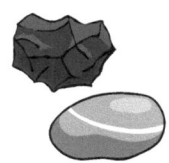

áspero / liso

hrapav / glatak

triste / feliz

tužan / srećan

curto / longo

kratak / dug

lento / rápido

spor / brz

molhado / seco

mokro / suho

ameno / fresco

toplo / hladno

guerra / paz

rat / mir

0

zero
nula

1

um
jedan

2

dois
dva

3

três
tri

4

quatro
četiri

5

cinco
pet

6

seis
šest

7

sete
sedam

8

oito
osam

9

nove
devet

10

dez
deset

11

onze
jedanaest

12

doze

dvanaest

13

treze

trinaest

14

quatorze

četrnaest

15

quinze

petnaest

16

dezesseis

šesnaest

17

dezessete

sedamnaest

18

dezoito

osamnaest

19

dezenove

devetnaest

20

vinte

dvadeset

100

cem

sto

1.000

mil

hiljada

1.000.000

milhão

milion

inglês

engleski

inglês americano

americki engleski

chinês mandarim

kinesko mandarinski

hindi

hindi

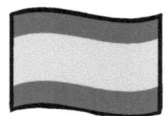

espanhol

španski

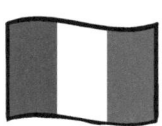

francês

francuski

árabe

arapski

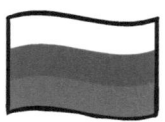

russo

ruski

português

portugalski

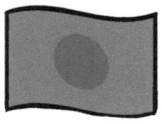

bengalês

bengalski

alemão

njemacki

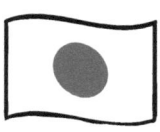

japonês

japanski

eu

ja

você

ti

ele / ela

on / ona / ono

nós

mi

vocês

vi

eles / elas

oni

quem?

ko?

O quê?

šta?

como?

kako?

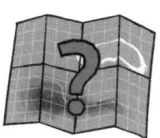

onde?

gdje?

Quando?

kada?

nome

ime

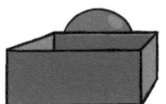

atrás
....
iza

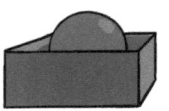

em
....
u

na frente de
....
pred

sobre
....
iznad

em cima
....
na

debaixo
....
ispod

do lado
....
pored

entre
....
između

lugar
....
mjesto